AF595774

OBSERVATIONS

POUR M. LE MARÉCHAL

DUC DE RICHELIEU,

PAIR DE FRANCE,

SUR la Requête imprimée, présentée par Madame la Présidente DE SAINT-VINCENT, au Châtelet de Paris.

OBSERVATIONS

POUR M. LE MARÉCHAL

DUC DE RICHELIEU, PAIR DE FRANCE,

SUR la Requête imprimée, présentée par Madame la Présidente DE SAINT-VINCENT, au Châtelet de Paris.

MADAME de Saint-Vincent, après avoir osé présenter au Châtelet une Requête aussi absurde que calomnieuse, pour essayer de suspendre l'instruction du crime de faux dont elle est déjà convaincue, n'a pas craint, après un Jugement du Châtelet qui joint cette Requête au fonds du Procès, de la faire imprimer & distribuer. Des faits vagues & généraux de prétendue subornation de témoins, dont elle n'ose accuser directement M. le Maréchal de Richelieu, servent de fondement à des imputations odieuses contre lui.

C'est inutilement que Madame de Saint-Vincent se flatte d'en imposer par de nouvelles atrocités. Le moment de l'illusion est passé; elle est maintenant démasquée: & les petites ressources des grands criminels, ces plaintes en ſubornation, ſont aujourd'hui un moyen trop décrédité, par l'abus qu'on en a fait, pour ſéduire & inquiéter les Magiſtrats & le Public.

Les premiers Juges ont déjà annoncé l'attention que méritoit ce dernier effort du déſeſpoir de Madame de Saint-Vincent, en joignant ſa plainte au fonds. Madame de Saint-Vincent prétend ſe dédommager du rejet définitif qu'elle prévoit, en faiſant imprimer une plainte qu'elle auroit eu le plus grand intérêt de tenir ſecrette, ſi elle avoit pu eſpérer de la faire admettre. Elle ne cherche donc qu'à diffamer & non à ſe défendre.

Quel genre de défenſes, en effet, que celui auquel Madame de Saint-Vincent a recours! Les réflexions les plus ſimples ſuffiſent pour prouver combien les premiers Juges ont eu raiſon de joindre au fonds une plainte qui eſt abſolument inadmiſſible.

Un crime en général ne ſe commet point ſans intérêt. Jamais un accuſateur ne ſera ſoupçonné d'avoir ſuborné des témoins dont il n'a pas beſoin. La ſubornation articulée par Madame de Saint-Vincent, ne peut donc être qu'une chimere; ce n'eſt qu'un incident imaginé pour embarraſſer & retarder le Jugement, s'il eſt évident que M. de Richelieu n'auroit eu aucun intérêt à commettre le crime qu'on lui ſuppoſe.

Or c'eſt ce qu'il eſt facile de démontrer par deux réflexions infiniment ſimples.

1°. Ceux des témoins ſur leſquels elle fait tomber ſon imputation ſont pour la plupart abſolument indifférens dans cette affaire.

2°. La preuve du faux dont M. le Maréchal accuſe Madame de Saint-Vincent eſt indépendante de toutes les dépoſitions, & complette ſans ce ſecours.

PREMIERE RÉFLEXION.

Quels ſont les témoins ſur leſquels Madame de Saint-Vincent fait porter ſes ſoupçons?

Me Dumoulin, Notaire de M. le Maréchal; le ſieur Doumain, ancien Commis aux écritures dans ſa maiſon, & les témoins de Poitiers.

Le chagrin que les deux premiers cauſent à Madame de Saint-Vincent vient de ce qu'ils ne réiterent pas dans leurs dépoſitions & récollemens, une prétendue reconnoiſſance qu'ils avoient faite, ſelon elle, de la ſignature de M. le Maréchal, à une premiere inſpection d'un de ces billets. Mais ils auroient cru, & cent perſonnes avec eux, ces ſignatures vraies; leur opinion n'en changeroit pas la nature & ne leur donneroit pas le caractere de vérité qui leur manque. D'ailleurs rien de plus ſimple que l'illuſion qu'une ſignature iſolée, contre-tirée ſur une véritable, dont conſéquemment elle repréſente tous les traits, peut faire au premier coup d'œil; lorſque l'eſprit n'eſt prévenu d'aucunes des circonſtances qui peuvent faire naître des doutes, & qu'on n'a pas ſous les yeux un enſemble de ſignatures contre-tirées ſur le même modele, dont l'une faſſe une piece de comparaiſon fatale aux autres par leur perfection même.

Ainſi il eſt évident que cette premiere opinion de Me Dumoulin & de Doumain, vraie ou fauſſe, étoit très-indifférente à M. le Maréchal, & qu'il n'avoit nul intérêt à en diriger l'émiſſion en Juſtice.

A l'égard des témoins de Poitiers, les uns ſont négligés par Madame de Saint-Vincent, parce que leurs dépoſitions ne ſe référant, pour la majeure partie, qu'à ſon intrigue avec le ſieur Vedel, & à l'abus qu'elle étoit en poſſeſſion d'y faire du nom de M. le Maréchal, elles n'apprennent rien dont la Juſtice n'ait été inſtruite par plus de cinq cens lettres d'elle au Major, ſaiſies chez la veuve Leroy.

Ceux qui diſent avoir été témoins des procédés de Madame de Saint-Vincent dans l'art du *faux*, ſont les ſeuls qui puiſſent ſervir à quelque choſe dans l'affaire; auſſi ſont-ils les ſeuls à qui elle prodigue ſes calomnies.

Mais ils ne ſont pas plus néceſſaires que les premiers, ſi le *faux* par elle pratiqué eſt démontré d'ailleurs, & ſi l'inſpection des pieces a manifeſté ſon procédé du contre-tirement à la vitre. Or c'eſt ce qui eſt établi dans le Mémoire de M. le Maréchal, & va être rappellé ſuccinctement.

Nota. *En démontrant la ſurabondance des témoins entendus dans les diverſes informations, M. le Maréchal n'entend nullement ſe départir de l'avantage que lui donne cette cumulation de preuves teſtimoniales, & il réſerve expreſſément tous ſes moyens pour en prouver en tems & lieu la vérité & la liberté.*

DEUXIEME RÉFLEXION.

Deux genres de preuves ont concouru à établir le *faux* des pieces arguées : preuves phyſiques & preuves morales.

PREUVES PHYSIQUES.

1°. Des ſignatures des douze billets, huit ſont évidemment calquées ſur le même type, & quatre ſur un autre. Chacune de ces deux claſſes appliquées reſpectivement l'une ſur l'autre ſe couvrent exactement, & n'en laiſſent dans cette poſition appercevoir qu'une. La ſignature d'une prétendue lettre écrite à Benavent par M. le Maréchal, trouve ſon type dans la claſſe des quatre billets, & par le même procédé produit le même effet avec leur quatre ſignatures. Même dimenſion dans les longueurs, diſtances des mots & hauteur des lettres qui compoſent ces treize ſignatures, ſuivant la claſſe de chacune d'elles.

2°. En ſuivant le même procédé ſur les lettres miſſives, on rencontre le même réſultat ſur des mots & des phraſes entieres. Il eſt complet ſur la totalité de deux de ces lettres imprimées figurativement à la fin du Mémoire de M. le Maréchal.

3°. Ces lettres ſont ſur des chiffons, la plupart ſans date, ſans timbre de poſte, aucune n'eſt cachetée aux armes de M. le Maréchal.

4°. Leur contexte eſt bizarre, abſurde. Pluſieurs ſe contrediſent, & toutes contiennent des choſes de la fauſſeté deſquelles la preuve eſt acquiſe au Procès.

5°. L'écriture de M. le Maréchal, quoique très-appuyée & chargée, eſt prompte, franche & hardie. Celles des pieces arguées de faux eſt très-maigre, compaſſée, tremblée & ſouvent repriſe.

Il ne faut certainement pas d'experts pour décider le faux de ces pieces. Des mains & des yeux ſuffiſent pour mettre en état de juger du calcage & du contre-tirement à la vitre. C'eſt donc inutilement que Madame de Saint-Vincent veut jetter des ſoupçons ſur des *Experts nommés d'office*, & contre leſquels elle n'oſe pas faire porter directement ſa plainte en ſubornation.

PREUVES MORALES.

Madame de Saint-Vincent ne s'eſt pas bornée à défendre la vérité de ſes billets au porteur, & la bonne foi de ſon aſſertion ſur la libéralité de M. le Maréchal à ſon égard, par la ſeule poſſeſſion où elle étoit de ces titres; mais pour la colorer elle a fait une hiſtoire, elle s'eſt fabriqué des titres acceſſoires aux principaux, elle s'eſt aſſocié des coopérateurs: eux & elle ont fait des aveux judiciaires, ils ont donné un principe aux libéralités de M. le Maréchal, & en ont déterminé les époques & les circonſtances.

Si l'hiſtoire eſt apochryphe, ſi les titres acceſſoires ſont faux, ſi les coopérateurs ont intérêt à la choſe & ſont de mauvaiſe foi, ſi leurs aveux contradictoires détruiſent le principe des libéralités de M. le Maréchal, ſi les époques & les circonſtances établiſſent l'impoſſibilité de l'exécution de cette prétendue prodigalité; alors la réclamation faite par les accuſés d'un examen préalable de la prétendue ſubornation de témoins eſt ſans objet; le faux eſt démontré, *ex rei viſceribus*. En ſuppoſant toutes les dépoſitions des témoins anéanties, la preuve du faux demeure en ſon entier.

Toutes ces circonſtances ſe réuniſſent en faveur de M. le Maréchal dans l'eſpece, ainſi qu'il l'a établi dans ſon Mémoire. Le défaut d'intérêt écarteroit donc de lui ſans retour toute idée de ſubornation de témoins, quand même ſon honnêteté connue ne le mettroit pas à l'abri de cet odieux ſoupçon imaginé pour une cauſe déſeſpérée.

Trois faux prouvés au Procès & avoués par Madame de Saint-Vincent, dont le premier anéantit le principe, & les deux autres détruiſent l'exécution des libéralités de M. le Maréchal, doivent fixer l'opinion du Public, & déterminer le Jugement des Magiſtrats ſur cette étonnante affaire.

PREMIER FAUX.

1°. Madame de Saint-Vincent prétend, & le ſieur Vedel avec elle, que M. le Maréchal lui a écrit nombre de lettres à

Poitiers, qui contenoient les *promesses d'un don considérable*, annonçoient le sieur Peixotto comme étant chargé de les réaliser, & autorisoient Madame de Saint-Vincent à le presser directement pour cet objet; & le *principe* de ces promesses étoit un *prétendu enfant* que M. le Maréchal auroit eu de Madame de Saint-Vincent.

Deuxieme Interrogatoire de Madame de Saint-Vincent, pag. 63, art. 47 & 48.

2°. D'après cette prétendue correspondance de M. le Maréchal, Madame de Saint-Vincent a allégué en avoir eu une autre avec le sieur Peixotto relative à la premiere; *or Madame de Saint-Vincent est convenue que sa correspondance avec Peixotto, est une fable; qu'elle a elle-même fabriqué ou fait fabriquer les prétendues lettres de Peixotto.* La conséquence est directe, « donc sa » prétendue correspondance sur cet objet avec M. le Maréchal » est également fausse » : parce que si elle étoit vraie, elle eût réellement correspondu avec Peixotto à ce sujet, & n'auroit pas été réduite à faire de fausses lettres de ce Banquier. Quelle force n'acquiert pas cette preuve, lorsque cette prétendue correspondance de M. le Maréchal, relative aux promesses, ne se trouve établie que par des copies de ces prétendues lettres: *copies écrites de la main du Major & de celle de Madame de Saint-Vincent:* copies qui, par toutes les raisons déduites au Mémoire de M. le Maréchal contre cette dame, sont démontrées être des projets de fausses lettres.

Deuxieme Interrogatoire. *Idem*, art. 100 & 102.

SECOND FAUX.

Le principe de ces promesses contenues dans les lettres chimériques de M. le Maréchal, *est l'existence d'un enfant.* Il est prouvé au procès, qu'il a été colporté de la part de Madame de Saint-Vincent une lettre prétendue écrite par M. le Maréchal, qui prouvoit ce fait. Cette lettre contenoit deux pages & demie; & l'écriture étoit si semblable à la sienne, que ceux qui la connoissent le plus s'y méprenoient. Or, non-seulement le fait de l'enfant est démontré faux & impossible par les lettres de Madame de Saint-Vincent au Major, & une foule d'autres circonstances établies au Procès; mais encore Madame de Saint-Vincent sommée, n'a pas osé présenter cette lettre aux yeux de la Justice, *& enfin est convenue de sa fausseté.*

Deuxieme Interrogatoire. *Idem*, pag. 54, art. 30.

TROISIEME

TROISIEME FAUX.

Madame de Saint-Vincent dénuée de vraies promesses & d'aucuns fondemens pour en avoir reçues, soutient néanmoins que *pour l'empêcher de mourir de faim, après l'avoir laissé quinze jours sans pain après son arrivée à Paris*, M. le Maréchal a souscrit en sa présence chez elle, & lui a remis sur le champ en mains un mandat de cent mille écus sur Peixotto ; & qu'ensuite, sur la représentation que ce mandat étoit en mauvaise forme, il lui en a remis, quelque tems après, un nouveau de pareille somme. Or, il est prouvé au Procès, non-seulement qu'elle a eu les deux mandats en mains à la fois, mais encore que, sans les avoir jamais fait présenter à Peixotto, ces deux mandats ont été revêtus de son acceptation, & que l'un d'eux a été présenté à la négociation, pour, sur la foi de cette acceptation, excroquer 24000 livres au sieur Julien, Banquier.

Premier Interrogatoire, *idem*, page 6, second *alinea*, art. 4.

Second Interrogatoire, page 64, art. 50.

Nota. Madame de Saint-Vincent n'a osé articuler aucuns faits de subornation relativement aux témoins qui ont dû déposer de ce fait.

Et ce FAUX grave émané de Madame de Saint-Vincent, est avoué par elle.

Second Interrogatoire de Madame de Saint-Vincent, art. 53 jusques & compris 58.

Après le défaut de principe & de promesses, l'absurdité d'un mandat de 100 mille écus donné, avec défense de le négocier pour secourir quelqu'un qui *manque de pain*, si la fausseté de la signature de M. le Maréchal sur ce mandat n'étoit pas suffisamment démontrée ; la fausseté de celle de Peixotto la porteroit à l'évidence.

Cet exposé succint de ces trois faux pourroit terminer les réflexions de M. le Maréchal, puisqu'il est clair, que s'il n'y a eu ni principes, ni promesses, ni *réalisation* de sa part par l'effet de ces deux prétendus mandats, le reste de la fable de Madame de Saint-Vincent croule de lui-même. Car s'il n'y a pas eu de titre primordial, il n'y a pas eu de conversion de ce titre, & par conséquent les deux conversions en billets au porteur sont une chimere de plus. Mais, puisque M. le Maréchal a l'avantage de rencontrer une démonstration du faux à chaque époque donnée par les accusés, il ne veut pas le laisser échapper.

B

Conversion des Mandats en Billets au Porteur.

Sans refus de la part du ſieur Peixotto, à qui aucun de ces mandats n'a été préſenté, & ſans pouvoir établir pourquoi le ſecond mandat n'a pas été payé à ſon échéance, on a propoſé à M. le Maréchal de le convertir en un billet au porteur de 100 mille écus, ou cinq billets de 60,000 livres. On lui a envoyé les billets tout dreſſés, avec les dates & les échéances remplies, ſans le conſulter, ſans ſavoir ſi cela lui convenoit & à l'arrangement de ſes affaires. On ne lui demandoit que cent mille écus; *& cet homme qui ne veut qu'amuſer, qui laiſſe mourir de faim Madame de Saint-Vincent, qui laiſſe paſſer toutes les échéances ſans payer, qui ne fait que des titres vains & illuſoires*, ſigne ſans héſiter le billet de cent mille écus, & deux de 60,000 livres; enſorte qu'il donne cent vingt mille livres plus qu'on ne lui demande, ne prend pas un moment pour délibérer ſur un engagement auſſi important, renvoye enfin, du jour au lendemain, ces billets.

De pareilles abſurdités demandent-elles un raiſonnement pour les détruire? Cette extravagance eſt ſuppoſée à un homme de l'âge & du rang de M. le Maréchal, à un pere de famille, à un homme qui avoit vu quatre fois Madame de Saint-Vincent en ſa vie avant l'arrivée de cette dame à Paris, *qui la connoiſſoit*, & qui d'année de ſervice auprès du Roi, ne l'avoit pu voir tout au plus que trois ou quatre fois depuis qu'elle étoit à Paris! Qui de bonne foi pourra croire à cette fable?

Second Interrogatoire de Madame de Saint-Vincent, page 88, art. 107.

S'il ſe trouvoit des gens aſſez crédules pour l'adopter, ils ne peuvent réſiſter à *l'alibi* prouvé de M. le Maréchal à cette fabuleuſe époque.

C'eſt le 13 Novembre 1773 que le ſieur Vedel a apporté, dit-il, les billets tout dreſſés à l'hôtel de M. le Maréchal; c'eſt le lendemain 14 Novembre au matin, au ſortir de la meſſe, que la dame de Saint-Vincent les a fait voir ſignés à l'Abbé Froment, Chapelain de ſon Couvent; c'eſt le ſurlendemain que le ſieur Vedel en a appris le retour, & les a vus entre les mains de Madame de Saint-Vincent.

Or, M. le Maréchal étoit à cette époque à Fontainebleau;

le 13 il étoit allé à Nemours complimenter Madame la Comtesse d'Artois, d'où il ne revint que le soir fort tard à Fontainebleau ; le lendemain 14, il alla avec le Roi recevoir la Princesse à la montagne de Bouron, & en repartit le soir avec le Roi pour venir coucher à Choisy. Peut-on concilier l'arrivée des billets à Fontainebleau, leur signature & leur retour à Paris le lendemain matin, avec toutes ces circonstances? Il est évident que la fausseté de cette prétendue opération se démontre par le récit même des accusés ; & qu'en supposant l'Abbé Froment de bonne foi, le tout est une manœuvre concertée entre Madame de Saint-Vincent & le sieur Vedel, qui auront apposté *un quidam* en habit rouge pour apporter ce paquet à une heure où ils étoient sûrs qu'il seroit vû par l'Abbé Froment, dont ils vouloient se faire un témoin.

Il n'est pas possible d'en douter en voyant le sieur Vedel obstiné à se rendre acteur de cette scene, en soutenir la vérité, & s'y donner un intérêt par le don prétendu d'un des billets de 60,000 livres qu'il se fait faire par M. le Maréchal, par le billet d'envoi dont il a fait accompagner lesdits billets au porteur. Ce billet prétendu d'envoi, contre lequel M. le Maréchal s'est inscrit en faux, décele sa fausseté par son contexte absurde : « M. le Maréchal veut que Madame de Saint-Vincent paye ses » dettes avec un des billets, & lui défend d'en vendre aucun » d'un an. Il veut qu'elle en donne un à son *tiers* pour lui payer » ce qu'elle lui doit ; ce tiers est aux expédients, & il lui défend » d'en vendre aucun ».

Il donne 60,000 livres à ce *tiers*. Le sieur Vedel, d'accord avec Madame de Saint-Vincent, apprend que c'est lui dont il est question. Il avoit voulu donner des principes importans à cette libéralité qui le regarde, & dans son interrogatoire il est forcé de convenir qu'il n'a jamais vû M. le Maréchal à Poitiers que deux ou trois fois, soit à l'Evêché, soit à l'Intendance, où il étoit avec beaucoup d'autres Officiers de son Regiment : à Paris, *jamais*, & qu'il n'a *jamais* reçu de lui aucun secret, ni verbalement, ni par écrit.

Premier Interrogatoire du sieur Vedel, pag. 13, art. 15.

Second Interrogatoire, *idem*. pag. 30, art. 24 & 25, page 52, art. 71.

La patience échappe à tirer les conséquences de choses aussi inconséquentes.

Conversion du Billet au Porteur de cent mille écus.

S'il n'y a point eu de mandat donné par M. le Maréchal, il n'y a point eu de premiere conversion en billets au porteur, à plus forte raison de seconde: mais puisqu'il le faut, combattons des chimeres.

Madame de Saint-Vincent répete & établit dans sa Requête, quoiqu'elle n'en ait pas été bien sûre dans ses interrogatoires, que la derniere conversion s'est faite en Mars 1774.

1°. Cette époque est démentie par les dates de ces billets, dont les uns sont datés du mois d'Avril, & un autre du 8 Mai, surveille de la mort du Roi.

2°. L'Abbé de Transe assure dans son interrogatoire qu'à la fin d'Avril, ou au commencement de Mai, il a fait les corps des billets de ce second échange, & que la dame de Saint-Vincent avoit encore alors le billet de 100 mille écus en mains; & que c'est dans ce tems qu'un jour elle lui dit revenir de chez M. le Maréchal, qui venoit de lui remettre ces billets.

3°. Madame de Saint-Vincent n'en savoit ni le nombre, ni les sommes, ni les dates, ni les échéances, avant le dépôt au Greffe; il s'en trouve dix montant à 305,000 livres, peut-être y en a-t-il pour beaucoup plus.

4°. Ces billets ont été écrits par des Ecrivains des rues, & présentés, comme les premiers, à M. le Maréchal, remplis des sommes & des échéances sans sa participation.

5°. Enfin, par le calcul de tous ces effets que Madame de Saint-Vincent apprend avoir eus, il se trouve qu'elle a réuni dans ses mains pour 1325000 livres d'engagemens souscrits par M. le Maréchal.

En faudroit-il davantage pour établir la fausseté de cette derniere conversion, si ce qui précede ne la démontroit pas?

Il est incontestable que tous ces billets au porteur, loin d'être le développement d'aucune promesse ni d'aucuns mandats émanés de M. le Maréchal, ont été produits successivement au gré de l'imagination déréglée & de la cupidité de Madame de Saint-Vincent. Tout étoit consommé, selon elle, par cette derniere conversion; & au moment où l'affaire éclate, ses lettres à Benavent prouvent qu'elle fabriquoit pour 80,000 livres de nouveaux billets.

Elle soutient, sur cet article, n'en avoir jamais écrit ni parlé à M. le Maréchal ; & Benavent lui soutient, qu'elle lui a fait lire une lettre de M. le Maréchal qui lui promettoit ces billets. A leur confrontation, elle est obligée de convenir lui avoir lu cette lettre en l'avouant fausse ; & Benavent lui soutient l'avoir lu lui-même & l'avoir cru vraie.

Premier Interrogatoire, pag. 30, art. 57, pag. 32, art. 59, pag. 33, art. 60.

Nouveau Faux avoué par Madame de Saint-Vincent.

RÉSUMÉ.

Qu'on joigne à cette discussion celle des négociations à vil prix de la totalité de ces billets, les manœuvres employées auprès de *Rubi* *, soit avant la négociation faite avec lui, soit après l'éclat de l'affaire ; la suppression faite par Madame de Saint-Vincent de la lettre de M. le Maréchal, par laquelle il nioit les billets ; la réponse qu'y a faite cette Dame, son embarras, celui de Vedel & de Benavent dans ce moment ; son projet de fuite avec son neveu l'Abbé de Villeneuve ; le soin de séquestrer toute sa correspondance avec le sieur Vedel, & leurs *projets* concertés *de faux* chez la veuve Leroi, l'ame & la source des négociations des billets ; il sera démontré sans replique, que M. le Maréchal a dénoncé à la Justice un *faux* constant des plus graves ; que ce *faux*, à l'aide duquel on a fait des excroqueries atroces, a été projetté par Madame de Saint-Vincent, concerté entre elle & le sieur Vedel, exécuté par eux conjointement avec Benavent, la femme Leroi & l'Abbé de Villeneuve. Ce dernier est d'autant plus coupable, que postérieurement à l'éclat de la dénégation de M. le Maréchal, aux ordres donnés par M. de Sartine, lors Lieutenant Général de Police, de retirer tous ces billets de dessus la Place, & la promesse qui en avoit été faite à ce Magistrat, il a cherché à négocier pour 50,000 livres de ces billets par la voie d'un sieur Dufour.

* C'est le Fripier à qui Madame de Saint-Vincent, le sieur Vedel & Benavent, ont négocié trois des billets montans à 80,000 livres.

Voilà donc la totalité du corps de délit dénoncé par M. le Maréchal prouvée par le calcage évident des signatures & écritures arguées de *faux*, par les propres lettres de Madame de

Saint-Vincent au Major, par le contexte de leur fable, par les aveux des accusés & les pieces du procès, indépendamment de la vérification des Experts & des dépositions d'aucuns témoins.

La Justice conséquemment n'a pas plus d'intérêt à s'arrêter sur la prétendue subornation de témoins, dont Madame de Saint-Vincent a hasardé la plainte, que M. le Maréchal n'en anroit eu lui-même à tenter cette subornation s'il en eût été capable.

La généralité des faits vagues, puériles & incertains, articulés par Madame de Saint-Vincent, & l'inutilité des dépositions de témoins qu'elle veut rendre suspects dans son libelle en forme de Requête, suffiroient pour les faire déclarer inadmissibles; à plus forte raison doit-elle déterminer la Cour à confirmer la Sentence du Châtelet qui a joint sa Requête au fond du Procès.

M. le Maréchal est loin de craindre l'événement de la preuve à laquelle Madame de Saint-Vincent demande à être admise; mais à la veille de voir consommer l'instruction d'une affaire aussi désagréable pour une personne de son rang & de son âge, tous les momens lui sont précieux. Il espere de la Justice de la Cour qu'elle voudra hâter celui qui doit confondre le crime, & réduire la calomnie au silence.

Me DESPREZ, Procureur.

POSTSCRIPTUM.

Pendant qu'on imprimoit ces Obſervations, Madame de Saint-Vincent a fait diſtribuer une Requête volumineuſe par elle préſentée au Parlement. Son objet principal eſt 1°. de rendre plainte contre M. le Maréchal en rapt de ſéduction & de violence. 2°. De demander la nullité de toute la procédure.

Sans entrer, quant à préſent, dans une diſcuſſion détaillée des abſurdités & des contradictions contenues dans cette piece, qui eſt le comble du délire, M. le Maréchal croit pouvoir ſe borner à oppoſer à ce libelle le Mémoire qu'il a mis ſous les yeux des Magiſtrats & du Public, & le Précis qu'il vient d'en faire. Il n'y a pas de Lecteurs judicieux qui ne ſoient à portée de juger par eux-mêmes de quel côté ſe trouve la vérité & même la vraiſemblance. En ne perdant point de vue ce parallelle, il eſt impoſſible de prendre le change, quelque effort que faſſe Madame de Saint-Vincent pour dénaturer des faits fixés irrévocablement par ſes aveux.

Quelques courtes réflexions doivent ſuffire pour faire apprécier ſes déclamations audacieuſes, & démontrer l'inadmiſſibilité de ſes demandes.

PREMIER OBJET.

Plainte en Rapt.

Madame de Saint-Vincent, dans ſon premier Interrogatoire, art. 3, a dit, en parlant de ſon ſéjour au Couvent de Milhau pendant quinze ans, que l'Ordre du Roi qui avoit été obtenu par ſa famille, étoit *ſeulement, pour que les Religieuſes ne puſſent pas la renvoyer à leur volonté.*

Dans ſa Requête au Parlement, pag. 5, elle convient que cet ordre du Roi portoit *défenſes à la Supérieure de la laiſſer ſortir de ſon Monaſtere, ſans le conſentement par écrit de ſon mari.* Page 3, *elle n'avoit point eu à reclamer contre* UN ARRÊT AUSSI IMPARTIAL *rendu dans une aſſemblée de famille préſidée par ſon pere.*

Page 4, quatriéme *alinea*, *c'étoit une ſage précaution de ſes parens.* Page 6, deuxieme *alinea*, quand au bout de quinze ans de captivité, M. le Maréchal, par commiſération, s'occupe de lui faire recouvrer ſa liberté, *cette nouvelle jetta l'allarme dans toute la famille* (de Madame de Saint Vincent) *qui s'en plaignit amérement.* Page 66, ſecond *alinea*, après beaucoup de lieux communs contre l'uſage des Lettres de Cachet, Madame de Saint-Vincent applaudit à celles accordées dans des circonſtances *où le Souverain eſt touché des larmes d'une famille qui craint le deshonneur.*

Par ces traits Madame de Saint-Vincent s'eſt peinte elle-même. Le *jugement impartial* de ſa famille doit décider du mérite de ſa plainte en rapt de ſéduction. C'eſt ſûrement la premiere fois qu'une pareille plainte a été haſardée par une femme qui a des enfans, & un mari auquel elle ne craint pas de faire cette injure publique à la faveur des vaines louanges qu'elle lui prodigue; par une femme *de 40 ans*, qu'une famille entiere a fait enfermer pour éviter le deshonneur; par une femme enfin que cette même famille ne peut voir *ſans allarmes* remettre en liberté, après quinze ans de captivité. Si ce n'eſt pas là le comble de l'atrocité, c'eſt celui de la démence.

Quant au rapt *de violence*, Madame de Saint-Vincent a très-bien ſenti qu'on auroit peine à croire qu'il pût avoir lieu à ſon égard; auſſi dans ſa Requête, pag. 4, a-t-elle ſoin de n'en rendre coupable M. le Maréchal *qu'à l'egard de ſes parens & de ſon mari.*

Une réponſe péremptoire détruit cette extravagance. Ses parens & ſon mari ont ſeuls le droit de rendre cette plainte, & Madame de Saint-Vincent y eſt non-recevable.

Si ces parens & ce mari adoptoient cette abſurdité; pour toute juſtification M. le Maréchal préſenteroit ſa lettre écrite à Madame de Saint-Vincent à Tarbes le 12 Avril 1771, & celle qu'il a reçue de M. le Marquis de Vence le 13 Août 1774, toutes deux imprimées dans les Pieces juſtificatives de ſon Mémoire contre Madame de Saint-Vincent, n°. I, & n°. III.

Elles prouvent, ſans réplique, que ſi M. le Maréchal, faute de bien connoître Madame de Saint-Vincent, a été trop touché de la rigueur de ſa pénitence, & a cherché à l'adoucir;

la

la famille de cette dame s'y eſt enfin déterminée. La penſion que M. de Saint-Vincent a continué à lui faire toucher partout où elle a habité, eſt la preuve de ſon acquieſcement.

DEUXIEME OBJET.

Nullité des Procédures.

Cette reſſource, comme celle de la plainte en ſubornation de témoins, eſt toujours employée par des accuſés de crimes graves en déſeſpoir de cauſe. Auſſi ſont-elles bien rarement accueillies par les Magiſtrats. Dans l'affaire préſente l'inſtruction touche à ſa fin, la Cour eſt à la veille d'être ſaiſie de ſa totalité, par l'appel inévitable en matiere de *faux principal.* Il eſt donc évident que cette demande n'a d'autre objet que d'embarraſſer & retarder le premier Jugement, & qu'elle doit avoir au moins le même ſort que la premiere.

Il y a deux parties dans ce chef de demandes de Madame de Saint-Vincent; la procédure faite d'ordre du Roi, & celle faite en Juſtice réglée.

Si Madame de Saint-Vincent ſe permet d'attaquer la premiere, M. le Maréchal, plus reſpectueux pour tout ce qui émane de l'autorité du Roi, ne ſe permettra pas de la défendre. Le Public entier dépoſera de la ſageſſe, de la douceur, & de l'honnêteté avec leſquelles M. de Sartine, alors Lieutenant Général de Police, exerçoit les fonctions de cette place, & de ſon diſcernement dans le choix des Officiers qu'il employoit pour l'exécution des ordres du Roi & des ſiens.

S'il étoit permis de pénétrer les raiſons des ordres du Roi qui ont été mis à exécution contre Madame de Saint-Vincent, il ſeroit aiſé de prouver que l'affaire actuelle étoit du reſſort de la Police.

Cette eſpece d'adminiſtration, néceſſaire dans une grande ville, a pour objet de veiller à la ſûreté journaliere des Citoyens, & d'arrêter les crimes qui, trop rapides dans leur progrès, cauſent ſouvent des maux auxquels il n'y a plus de remede.

On étoit inſtruit que Madame de Saint-Vincent méditoit

sa suite ; & il étoit important de la prévenir. La preuve de ce fait est établie au procès.

L'escroquerie d'ailleurs se joignoit au crime de faux de Madame de Saint-Vincent. 140000 livres d'effets déniés par M. le Maréchal étoient déja négociés. Malgré les défenses de M. de Sartine, on en inondoit encore la place tous les jours. Dans le doute au moins où l'on devoit être de la vérité des signatures de ces billets, il étoit du devoir de M. de Sartine d'empêcher que des Citoyens honnêtes ne fussent exposés à perdre leur fortune sur la foi de ces signatures.

La lenteur des formes judiciaires ne pouvoit obvier à un inconvénient aussi cruel. Il n'y avoit donc que le secours de l'autorité du Roi à employer efficacement dans une pareille conjoncture, pour empêcher la fuite des coupables, réunir les billets argués de faux, & remettre le tout entre les mains de la Justice.

Quant à la procédure judiciaire, Madame de Saint-Vincent ne l'attaque que par des déclamations, de fausses allégations & des citations faites à contre-sens. Toutes les pieces du procès donnent un démenti formel à Madame de Saint Vincent, sur tout ce qu'elle avance de leurs prétendus vices, dont l'examen d'ailleurs ne peut avoir lieu qu'à la fin de l'instruction. Et le peu de moyens qu'elle tire de la loi sur le *faux incident*, se trouvent sans application dans l'espece où il s'agit d'un *faux principal*.

Malgré tout l'art que l'on s'est efforcé de mettre dans la Requête de Madame de Saint-Vincent, son défenseur décele partout la conviction dont il est frappé que le faux dont M. le Maréchal est plaignant, est prouvé au procès. Mille preuves directes établissent l'absurdité de vouloir persuader au Public que ce *faux* est émané de M. le Maréchal ; néanmoins ce défenseur veut insinuer que les signatures des billets ont été faites avec des *griffes* * chez M. le Maréchal. Quand on se détermine à hasarder de pareilles imputations, il faudroit au moins qu'elles fussent appuyées de quelque vraisemblance ; & non seulement

* *Il faut supposer que M. le Maréchal en se servant de cet instrument, en ait plusieurs qui figurent diversement sa signature. Absurdité inconcevable !*

M. le Maréchal ne s'eſt jamais ſervi de *griffe* dans aucun tems, ni dans aucun lieu (*a*); mais l'inſpection même des billets, prouve qu'il eſt impoſſible que leur ſignature ait été faite avec cet inſtrument.

* La vingt-cinquieme piece du dépôt de Laſite embarraſſe le rédacteur de la Requête pour l'établiſſement de ſon ſyſtême, par la démonſtration qu'elle donne non-ſeulement de la fauſſeté de la piece 30, mais de la fabrication de celle-ci par Madame de Saint-Vincent. Pour ſe tirer de là, il imagine adroitement que cette piece vingt-cinquieme a été *ſubtilement lardée* par les gens de M. le Maréchal, pendant l'opération du dépôt fait par Laſite.

* Voyez le Mémoire de M. le Maréchal contre Madame de Saint-Vincent, page 97, juſqu'à la page 102, & les pieces juſtificatives, n.° 11.

Quel expédient! Ce rédacteur n'a pas fait attention que, pour faire adopter ſon idée, il falloit commencer par s'inſcrire en faux contre le procès-verbal de dépôt fait par le Greffier: & Madame de Saint-Vincent lui a laiſſé ignorer qu'à cette époque M[e] Laſite prenoit ſon parti avec une chaleur qu'elle ne retrouvera plus dans aucun de ſes défenſeurs, & qui certainement élevoit une barriere inſurmontable entre lui & les gens d'affaire de M. le Maréchal. Au ſurplus, on obſervera que M. DE CASTELLANE préſidoit à l'opération de ce dépôt.

Pour eſſayer d'intéreſſer le Public, Madame de Saint-Vincent ſe préſente comme une femme accablée ſous le poids de la douleur & de l'humiliation. Les Juges & les témoins devant qui elle a paru, ſavent à quoi s'en tenir ſur la véritable ſituation de ſon ame; mais il n'eſt pas inutile que le Public ſache que, pendant l'inſtruction de ce procès terrible, la veille, le jour même de ſes confrontations, elle s'occupoit à faire les chanſons les plus licentieuſes contre les témoins & contre ſes Juges mêmes.

L'innocence frémiroit d'avoir à ſe défendre contre un ſimple

(*a*) *M. le Maréchal met en fait, que ſoit à la tête des Armées qu'il a commandées, ſoit dans l'adminiſtration de trois Provinces méridionales, où il a également commandé depuis près de 40 ans, il ne s'eſt jamais ſervi de* griffe, *malgré la multiplicité des ſignatures qu'il avoit à faire. Il étoit réſervé à l'effronterie des défenſeurs de Madame de Saint-Vincent, de haſarder une pareille aſſertion.*

ſoupçon. Et quand Madame de Saint-Vincent eſt plus que prévenue d'un crime, quand elle voit la conviction qui approche, elle garde une paix tranquille & un front qui ne ſait plus rougir!

Signé, LE MARÉCHAL DUC DE RICHELIEU.

Monſieur ***ROLAND DE CHALLERANGE****,*
Conſeiller, Rapporteur.

Me DESPREZ, Procureur.

De l'Imprimerie de STOUPE, rue de la Harpe. 1775.

www.ingramcontent.com/pod-product-compliance
Lightning Source LLC
LaVergne TN
LVHW050513160826
845677LV00003B/1114

* 9 7 8 2 3 2 9 6 1 9 9 0 3 *